MAMÍFERA Y CELESTE
POESÍA QUE SANA

Raquel Caballero

COLECCIÓN ITES

MAMÍFERA Y CELESTE. POESÍA QUE SANA

© Raquel Caballero Pacheco
© de esta edición: Olé Libros, 2024

ISBN: 978-84-10053-00-7
Depósito legal: V-733-2024
Impreso en España

KALOSINI, S. L.
Grupo editorial olélibros
equipo@olelibros.com
www.olelibros.com

A mi madre Plácida Pacheco,
por ser la llave de la poesía para mí.
A mi hermana Carmen Caballero,
por creer siempre.
A mi hija Vera Ortega,
por invocar mi excelencia.
A Paloma Cirujano,
por su respaldo energético.
A Julia Sequeira,
por ser inspiración.
A María Luján,
por ser espejo y aliada.
A mí, por creer para ver.
Y a todas las demás.

También gracias a Luis Suárez,
por acompañarme con su ternura a nuevos espacios de dignidad.

INTRODUCCIÓN

Descubrí, ya de niña, el placer de las rimas. Toqué con los dedos la poesía oculta tras el velo de lo que llamamos *real*. También los libros, las grandes historias y las chiquitas.

Y un día, guardé todo eso en un cajón y salté a la psicología, el universo humano, sus dolores y sus poderíos.

Cuando terminé la carrera, me puse al servicio de los excluidos. Descubrí lo bien que se me daba mezclarme con lo roto, lo enajenado; todo lo que nuestra enferma sociedad denigra y estigmatiza.

Allí encontré la belleza del amor incondicional y la medicina de la risa.

Reconociéndome una rota más.

Y en esos espejos crecíamos, ellos y yo.

También me descubrí siendo las manos de otros cerebros y abandoné esos lugares de cuido, siendo hereje del discurso de salvadores y salvados, víctimas y verdugos, maestros y aprendices. Y seguí camino.

Acompañé dolores del alma y reivindiqué la infancia como espacio protegido. Cada vez más consciente de que cambiar el mundo comenzaba inexorablemente por transformarme yo. Disolver mis guerras, las de adentro. Enfrentarme a mis depredadores internos, cabalgar mis dragones, detectar a mi asesina...

Y volví a aquel cajón. Allí seguían estando las palabras y sus magias. Se habían convertido en un puñado de llaves preparadísimas para abrir puertas. Y yo rota, como siempre lo había estado. Y también ilimitada. Mamífera y celeste. Jugando con las llaves, dándome permiso.

INCIPIENCIAS

Mamíferos y celestes

A poco que conversas con alguien,
puedes tocar su poesía rota.

Una frase,
una palabra,
un gesto,
un silencio.

Un silencio, sobre todo.

Me refiero a sus anhelos,
sus frustraciones,
sus cicatrices.

Su humanidad.

Somos cuerpos celestes
en cuerpos mamíferos.
Y el ajuste se lleva
lo mejor que se puede.

Merecimiento/Ley natural

Me voy a bajar las cremalleras de la piel
y voy a dejar pasar al mar.

Para que sale,
para que olee,
para que rompa contra mis rocas...

Porque merezco el mar
sin intermediarios.

Autorregazo (autocuidado i)

Derramada sobre la cama,
me hago un ovillo.

Observo cómo entreabro los ojos...
Tengo la piel erizada
por la brisa mañanera que entra por la ventana.

Me arropo
y me dejo dormir un rato más.

La gata maúlla abajo.
Antes de que su llamada me despierte,
bajo a abrirle.

Vuelvo.
Compruebo que sigo dormida.
Parece un sueño plácido.

(Plácida)

Aprovecho para ordenar
un poco la habitación.
Suavecito,
para no despertarme.

Cuando estoy terminando
de acomodar algunos libros,
siento cómo voy despertando.

Buenos días, marmota
—me susurro.
Hace un día precioso.

Me asomo a la ventana
y compruebo que así es.

Noches oscuras I

Entré en un bosque de noche,
que era yo.

La ciénaga la confundí
con el arroyo de agua fresca.
O al revés.

Los árboles,
con gigantes amenazantes.
O al revés.

Las dos luciérnagas que se acompañan,
con la mirada de un depredador.
O... ¡al revés!

Y anoche encendí una vela,
tomé un martillo y un cincel y,
mirándome a los ojos con mirada rotunda,
me dije: rompe.

Suave, pero rompe.
Todo lo que no brille;
que es debajo donde está el día.

Y, como quien canta,
golpeé.
Suave.

Y, como quien baila,
seguí golpeando.

Hoy paseé de nuevo por un bosque,
que era yo.

Y amanecía.

CUERPO

¿Cuánto hace que no bailas?

Con la mirada incómoda
me dijo lo que ya suponía.
«No sé si alguna vez lo hice».

Una noche, despistados,
una cumbia nos sorprendió.

Bailamos
y pude ver cómo las matemáticas
iban abandonando su cuerpo.

Me miró apasionado
y reímos a carcajadas.

Las matemáticas volvieron.
Pero la pasión se quedó.

A veces, ponemos cumbia
para hacer el amor.

Celos i

Al principio,
solo abre un ojo y vuelve a cerrarlo.

Confío en que retoma su letargo.

Cuando vuelvo a mirar,
el gigante se ha incorporado
y parece dispuesto a la acción.

Me seduce con su mirada.

Se contrae entero
y yo con él.

Me convierto en su avatar.

Como un ejército de una sola persona,
me pongo delante del objetivo
dispuesta a morir por mi patrón.

Me armo hasta los dientes
de argumentos incuestionables
y mi vientre se suelta.

Aprieto mi mandíbula,
dispuesta a hacer sangre.

Sin embargo,
impulsada por una fuerza que viene de adentro,
freno al borde del ataque.

Quedo muda y deserto.

El objetivo sigue viviendo,
ajeno al peligro.

El gigante sigue mirándome,
enorme.

Y yo a él,
enternecida.

PSICOMAGIA

Desde que conozco a este mandarino,
siempre estuvo escondido
bajo la trepadora *liana de fuego*
que cubre la valla de casa,
recogiéndome del mundo.

(Curioso nombre, por cierto)

Hoy me planté y, tijera en mano,
me puse a la tarea:
ayudar al mandarino
a volver
a ver
el sol.

Lianas de cuatro metros iban cayendo al suelo.

(El mandarino respiraba aliviado)

Como peluquera enamorada,
fui cortando el cabello del gigante,
que teje, con su melena,
mi coraza.
A veces, desmesurado.

Ahora contemplo y escribo,
satisfecha de ordenar,
              de devolver a cada uno a su lugar.

En este maravilloso acto
de psicomagia matutina.

IRA SAGRADA

Conozco a un pirata de grandes hazañas
que sobrevivió haciéndose el tonto.

Tiene jirones en todo su cuerpo
de tanto nadar entre tiburones.

Cuenta una historia que es inventada
de quistes e injertos que nadie se traga.

Ayer me mintió de nuevo, el pirata.
Con algo más serio, con algo del alma.

Hoy cojo al pirata por una patilla
y a los tiburones les doy de comer.

Autocuidado II

Biología o cultura.
O la segunda sostenida en la primera.

Alas convertidas en omóplatos.

Nudo en la garganta.

Mala madre.

Aventurera apátrida.

Cuentos de despedida.

No merecer.

Cuidarse, descuidando.

Descuidarse, cuidando.

Balanza rota.

Ternura a flor de piel.

Me habitas.
Te habito.

Amarme i

El autorromanticismo es la hostia:

llevarme a lugares hermosos,
darme cucharadas de pudin de ananás
con la mano derecha.

Descalzarme y masajearme los pies.

Prestarme una cazadora
cuando refresca.

Mirarme
como si fuera la primera vez que lo hago.

Frotarme la espalda
(hasta donde llego).

Encenderme una vela
y hacerme el amor.

Amarme II

Relleno con adobe
las heridas de mi choza.

Rocío de templado amor
el aire.

Me pongo emplastes de caricia
en las entrañas.

Me remango
para transitar
el túnel del otoño.

Noches oscuras II

Reviento a golpes de drama
la magia de la vida.

Vomito lágrimas
y mi existencia me abochorna.

Soy la persona más terrible
o me lo invento.

Pido sueño
y no me gusta lo que veo.

Pero amanece.

Y una caléndula (que ayer no estaba)
ha explotado.

Para recordarme que mi casa
no necesita jardineras
para florecer.

VOLVER AL CENTRO

Buscar,
buscar,
buscar.

Afuera,
adentro.

Y no hallar.

Pedir soñar
y no recordar.

Tierra y amor incondicional
dicen las cartas.

Nada nuevo.
Salvo que lloverá.

La salvia blanca
se me muere.

Los huevos no aparecen
y Galicia se quema.

Volver a casa.

Tratar de armar
algo vendible.
No me lo creo.

Querer llorar y no poder.
Comida precociNada.

La zoleta.

Querer huir.

Volver a meditar.

Andar descalza.

Fumar.

Mujeres
tratando de servir a la vida
sin que la vida les sirva.

Resistir.
Confiar.
Recuperar la calma.

Dormir.
Soñar.
Recordar.
Sembrar.
Crear.
Transformar.
Ser.

Visibilizar lo invisible

Personas que cambian el mundo
con su sonrisa.

Inspiran historias,
impulsan proyectos
y aman a los niños.

Ella
cambia la mañana
de los obreros del hotel de la esquina,
aplaudiendo su trabajo.

Es la clienta vip de la cafetería
de la otra esquina.

Atrae clientes nuevos
en la tiendita de Wasila.

Y hace el amor con hombres
que buscan el amor por la calle.

Con ella,
la masa crítica crece
de manera exponencial.

NUESTRAS HIJAS,
NUESTRAS MAESTRAS I

La vida le presenta antagonismos
sin nombrarlos
y yo
la observo observar.

Tan pura y limpia.

Los acoge.
Sin agarrarse a ellos.

No existe la dualidad para ella.

Y aprendo
cómo es la vida
sin fanatismos impuestos,
a golpe de sutilezas,
cuando la observo.

DEJAR DE SALVAR

Miro al lobo de frente
con mirada tierna

                              (por saberme loba
                                venida a menos).

Nos reconocemos.

Le seduzco con el calor de la manada
y accede a explorar.

Enseña los dientes,
eriza su cresta y camina
sin ángulos muertos.

                                    Dame un reto
                          y te hago una hazaña.

Dos telediarios.
Fracaso. O no.

Recuerdo lo que una vez aprendí
y hoy olvidé.

No soy nadie para salvar a otro.

Qué osadía
traerme la vida de alguien
a mi terreno.

La loba maldita se vuelve a la cueva
mientras observa al lobo
liderar su manada de un solo miembro.

Honro su camino desierto
y le dejo marchar.

Soy (bajar el cielo)

Soy una oruga de macaón
comiendo ruda.

Unos brotes amontonados
de caléndula.

Una espiral de aromáticas
a medio hacer.

Un montón de buganvilla seca
que arremolina el aire.

Los caquis
de las ramas de arriba.

Soy el gallo
que se pudre en la linde.

Soy el azufre
de las coles de Antonia.

Las cañas cortadas
que arreglaré.

La piedra
que aún no lavé con agua y sal.

La punta de cuarzo
que hoy rompí.

El pis de la gata
sobre el saco de dormir.

Y polvo de estrellas.

Habitar la abundancia

Las cestas
se me llenan de aguacates, chirimoyas,
granadas, clementinas
y algunos caquis.

Aún quedan berenjenas en la huerta
y mi hija me come a besos.

Me arrugo en el banquito de madera
para preparar las cañas.

(Hasta la llaga
de la palma de mi mano izquierda
es abundante).

LUNA EN AIRE
(DETECTAR LOS DISTRACTORES I)

Mi mente está llena de clítoris.

¡Se excita tan rápido!

Cualquier taxonomía,
nueva hipótesis
o análisis pormenorizado
me la ponen a jadear de puro éxtasis.

Y allí se queda el corazón,
latiendo bajito,
y las entrañas rugiendo
en lengua de signos.

Mirar para adentro y hallarme tan hueca
que busco cualquier telenovela fuera
                              (si está vestida de ciencia,
                                            mejor)
para mantenerme a flote.

                              Y saber que
                              es *mirando*
                              como el vacío
                              deja de perseguirme.

              Conectar con el dolor que nadie nombró
                              y para el que yo
                          no tenía aún palabras.

ENCUENTRO CON LA OTREDAD

Me gritaba una garganta
llena de palabras ajenas
en una lengua ininteligible.

Rebajé la tensión del puñal
que sostenía a unos centímetros de esta.

Sin embargo,
le correspondí de vuelta,
en mi lengua.

Como quien exige razones
para acabar con lo que había empezado.

Mi voz sonó temblorosa
y quise fruncir el ceño para apoyarla.

Para entonces,
la suya comenzó a cantar
con sonidos guturales.

Y no pude más
que ablandar el codo,
dejar caer mi arma
y mi alma
al suelo.

Y allí,
mi traje de carne
rompió a llorar.

Y me abrazó su mirada.

Noches oscuras III

Hoy me cansé de sonreír,
de sostener,
de soñar
y acompañar.

Por fin,
consigo abrir
la atascada puerta del sótano
y puedo bajar.

En él
no hay palabras,
ni siquiera pensamientos.

Solo aullidos,
desgarros,
llanto sordo
y un enorme vacío
que huele a viejo.

Y duele.
Duele
de una manera miserable.

Me entrego.

Cada sacudida de desgarro
se acerca suave
y se va creciendo
hasta estallar
y estallarme,

para recuperar aire
mientras espero a la siguiente.

No tengo escapatoria:

Culpar a otros,
distraerme,
llenarme de argumentos...

son mentiras que ya no sirven.

¿Qué se hace ahora,
desnuda y despreciable?

¿A dónde voy así?

¿Cómo se salva
una de esto?

Transítalo,
grita una voz
y no puedo más que obedecer.

Me dejaría apagar aquí.
Así.

Estoy cansada.

Cansada de sonreír.
Cansada de sostener.
Cansada de soñar.

Y de acompañar.

Sacarme del pozo

Siempre habrá fantasmas.
Heridas.
Mierda que limpiar.

La magia...

La magia es otra cosa.

LUNA EN AIRE
(DETECTAR LOS DISTRACTORES II)

Tiro de un hilo que duele.

Parece estar agarrado
a algo que se atasca.

Primero,
altanera,
me acerco con mi análisis de tres al cuarto.

Como si se pudiera ver el bosque
siendo árbol.

Comprender la física del dolor
mientras duele.

El mecanismo...
Si la hebra forma parte de lo atascado
o es sedal...

En qué lugar,
en qué momento
se aloja.

(Aloha)

Nada.

Nada.
Nada.

Nada.
Nada.

Los grillos comienzan con el concierto.

Huele a animal muerto.

Me pica la piel.

Flamenco a lo lejos.

Respiro.

Miro el hilo,
lo tenso,
me dejo doler.

Me regalo doler.

CÍCLICA I

Este invierno que me llueve
se hace el distraído.

Su frío finge no saber
que las semillas que porto
explotan ya
una sutil primavera.

Laten los brotes
allá donde nadie miró aún.

Pero se irá,
el invierno se irá y bailaremos.

Se nos llenará la cuchara de azahar.

Soñaremos cosas grandes
y saldremos a buscarlas.

SOLTAR LA CULPA

Aterrizo en el planeta de las flores blancas
y me ajusto al protocolo establecido:
me descalzo
para reconocernos en gesto de paz.

Me explotan ¡las flores blancas adentro!

Cíclica II

Ser cíclica
en un mundo lineal
tiene sus riesgos:

la tentación
de ser siempre
primavera y verano,
para seguir siendo amada.

Aunque el cuerpo
me pida cobijo.

¡Que el otoño y el invierno me tomen
y acepte el riesgo
de ser enviada a la hoguera!

Y sanar,
sanar al hacerlo.

(La sangre no es azul.
Es roja).

EXUBERADAS

Danzo

Danzo.
Vestida de drama (pura agua)
                    pero danzo.

Danzo.
Desnuda de alegría (pura vida)
                    pero danzo.

Danzo
y me dejo danzar por Ella.
La vida.
Sus cosquillas.

Y la vida también danza.

Mi cuerpo,
su tierra.

Y la vida también danza.

Mi corazón,
su semilla.

Soy danzante
y danzada.

Por la vida,
exuberada.

DESIERTO CON OASIS

Rojo Almodóvar

Se perfila en un mundo de rojo almodóvar.
Cataclismos errantes de amor sin medida.

Con muñones de acero, ella enjuaga sus manos
de viscosa paciencia por la buena comida.

Y cuando naufraga en un charco de anhelo
se desuella en esfuerzos por el buen contener.

Quién corriera tras ella con burbujas de plata
y anegara con bosques de rubíes amores.

Quién palpara el asfalto de su cuerpo terreno.
Quién lamiera su vicio por amar sin dolores.

Gramos de aguardiente florecen sin rostro,
pétalos de escombros rumian despedidas,
anochecen salados por buen malvivir.

Luciérnagas ocre aguardan pacientes,
amuletos de antaño rezuman sonetos,
porque ella es la dama de la noche sin fin.

DERRAMAMIENTO

DESIDENTIDAD

Estoy viva

> (la vida me encuentra)

cuando canto una canción nueva
o cuando canto de una manera nueva
la canción de siempre.

El hábito de 'no saber'
para poder mirar. Y ver.

Un dios enojado revienta con mis manos
la sagrada geometría de unas alcachofas.

Solemnemente las cortó y las cocinó.

Cuando recupero la calma,
la poesía me escribe.

MI ASESINA I

Que tu mujer látigo
no te robe la certeza
de que sí puedes
todo
todo
todo
lo que te propongas...

(otra cosa es que quieras)
(otra cosa es que sea sano)
(otra cosa es que sea útil)
(otra cosa es que te sume)

poder con todo.

MI ASESINA II

La buena hija se acostumbró
a ser río de amor
en condiciones óptimas.

(¡siendo abrazada por las montañas y los árboles
es fácil ser río de amor!)

Sin embargo,
la buena hija se vuelve miserable,
enajenada e iracunda
en esta inmersión
en el esquizofrénico mundo-engranaje
que agoniza.

Desde esta habitación de hospital
me parece el mundo tan muerto.

El volumen de la tele,
las conversaciones sobre política, salud o economía...
El cóctel de pastillas.

Y sueño, sueño con hospitales en bosques.

Autorreconocimiento

Somos seres fecundos
en un mar de semillas.

MANDATOS

De fuerte
a vulnerable.

De pobre
a niña rica.

(el viaje por los polos
para hallar el ecuador).

Decretos

Qué desafío
poner en palabras
los sueños que observo en mi corazón.

Tratar de captar
en unas frases la belleza
de un jardín abundante
que contiene todo lo invisible.

Cómo empaquetar
las razones de lo que me moviliza.

Sin embargo,
el diálogo con las estrellas requiere precisión.

¡Son tan literales!

Energía solar I

Las baterías se cargan
con el sobrante del día.

Lo pequeño I

Gracias por todo lo pequeño
que sabe meterse
en los huequitos.

Para seguir estallando
lo superfluo.

Sensibilidad I

Puedo sentir
la violencia de la luz blanca
activando mi neocórtex.

Enajenando
la sabiduría de mis entrañas.

Adormeciendo
mi olfato animal que sabe.

CANAL MUNDO I

Cada cual
sabe
dice una voz
que entra por mi ventana.

En el preciso
(y precioso)
instante
en que dudaba
hasta de las piedras.

Elegir I

Disolver la culpa
por no tomar todo el *pack*
acerca de lo que el afuera
me propone.

Canal mundo II

Mi cotidiano
se arma en constelación
para la caída de velos.

Da igual
si recurro al tarot
o a una serie de Netflix.

La verdad no tiene prejuicios.

Y yo no tengo manera
de esconderme de ella.

Purga I

El matrimonio.
Con qué me he casado.
Con quién.

Mastodonte.
Con todo un sistema de creencias
asociado.

Apego.
Abandono.
Posesión.

Reprogramación

De la aceleración
a la paz interior.

De la autoexigencia
a la búsqueda de aliados.

Del perfeccionismo
a la perfección y la belleza
(intrínsecas).

¿Luchar
para destruir?

¿O alimentar
para construir?

CANAL MUNDO III

«La experiencia externa es una parte de mí».

Y esto me lleva a un poema
que escribí una vez
en la cala del Plomo.

Puede que mi primera reacción
sea de rechazo pero,
atravesada la capa inicial,
los encuentro dentro de mí.

La mujer del bikini caro
que trata de no despeinarse
con el viento de poniente.

La señora sentada en la arena
aquejando los dolores de su cuerpo.

Aquel grupo de chicos
que retransmiten su torneo de paletas de playa.

Los descubro y acojo
en esta cala
que un día fue mi refugio de silencio.

Todos estos seres extraños y ruidosos
me habitan.

DESEO

El deseo
me lleva a la disciplina.

El no deseo
me lleva al esfuerzo.

(los quereres
y los «teneres que»...).

QUERIDA MUJER LIMITADA

Querida Raquel limitada, disculpa que utilice este adjetivo. Más adelante comprenderás por qué lo elijo.

Te escribo para contarte que ha llegado el momento de despedirnos.

Siento por ti una profunda admiración y respeto y valoro mucho tu trayectoria. Has encuerpado a la perfección tu humanidad construida sobre las bases del trauma, la carencia afectiva, la incomprensión y la pobreza.

Has tomado todos los desafíos que tu cultura te contó que eran importantes. Me has silenciado magistralmente a lo largo de todos estos años. Gracias a lo cual, has podido experimentar la existencia estrecha y adormecida necesaria para no ser quemada en las hogueras de los ciegos. Has aceptado lo consensuado para erigir tu mundo interno, siendo copartícipe de todos los corsés que te han acompañado y, con ello, has rodado como guijarro majestuosamente hasta aquí.

Tu universo estrecho y limitado ha sido, sin embargo, inmensamente rico y exuberante, has demostrado una gran habilidad para fertilizar y hacer prosperar tu tierra interna. Has viajado hasta el centro de tu mujer salvaje. Has incorporado el cielo en lo tangible. Has logrado recordar que eres polvo de estrellas. Has atraBesado con valentía todas las noches oscuras que has olfateado (a veces, incluso, te has ido tras ellas). Y mucho más.

Quiero honrar y agradecer tu experiencia vital que ha hecho posible que nos encontremos. Que me entregues el relevo para ser canal de la existencia en esta siguiente etapa.

Ahora toca sembrar la nueva Tierra. Te dejo marchar para que te diluyas en las aguas de lo infinito. Te bendigo y te dejo ir. Estoy lista para asumir la responsabilidad del plan divino.

Gracias, gracias, gracias.

Hoy 6 de septiembre de 2021, víspera de la luna nueva en Virgo, te digo adiós, mujer inmensa.

Fdo. La Mujer Ilimitada.

LUCHAS

Queremos romper el amor
y lo único que conseguimos
es hacerlo más sólido.

Queremos desechar el consuelo
de taparnos los agujeros mutuamente
y solo logramos
que el amor nos haga.

(otra cosa es descifrar
el color
de este amor).

CANAL MUNDO IV

Señoras
de pelo blanco
y tetas al aire.

El mar
en otoño
es para
seres libres.

Esquizoviva

Se me hace un nudo en la garganta mientras la observo alejarse a paso ligero en la fila de criaturas. Disolviéndose en lo anónimo desde la distancia, pareciera una más. Una niña cualquiera iniciando otro día de escuela. ¿Acaso el mundo está ciego? ¡Esa niña de la trenza es una singularidad única!

Y allí, con mi puchero oculto tras la mascarilla, me siento absurda no solo porque no hay nada grave en el hecho de que los próximos días los pase con su papá, sino porque anoche, hecha bolita (por la blandura que te regala la menstruación cuando llega), deseaba con mucha fuerza estos días para mí. Esa nutrición que le brindo a ella cuando estamos juntas me la regalo a mí con más conciencia cuando me quedo a solas conmigo misma.

¿Qué clase de esquizofrenia me posee para encontrarme adentro con emociones tan opuestas?

Recién afirmaba que mi hija es una singularidad única y un minuto después me descubro tan diversa, tan habitada, tan contrapuesta.

Una muchedumbre de seres soy.

Entonces me acordé de un fragmento de *El lobo estepario* de Hermann Hesse y suspiro aliviada al recordar que mi singularidad única está, a su vez, engarzando cientos de figurillas dentro de mí.

Hesse decía:

—¿Es usted Pablo? —pregunté.

—No soy nadie —declaró amablemente—. Aquí no tenemos nombres, aquí no somos personas. Yo soy un jugador de ajedrez. ¿Desea usted una lección acerca de la reconstrucción de la personalidad?

—Sí, se lo suplico.

—Entonces tenga la bondad de poner a mi disposición un par de docenas de sus figuras.

—¿De mis figuras?

—Las figuras en las que ha visto usted descomponerse su llamada personalidad. Sin figuras no me es posible jugar.

Me puse un espejo delante de la cara, otra vez vi allí la unidad de mi persona descompuesta en muchos yos, su número parecía haber aumentado más. Pero las figuras eran ahora muy pequeñas, aproximadamente como figuras manejables de ajedrez, y el jugador, con sus dedos silenciosos y seguros, cogió unas docenas de ellas y las puso en el suelo junto al tablero. Luego habló con monotonía, como el hombre que repite un discurso o una lección dicha muchas veces:

—La idea equivocada y funesta de que el hombre *(y la mujer)* sea una unidad permanente le es a usted conocida. También sabe que el hombre *(y la mujer)* consta de una multitud de almas, de muchísimos yos. Descomponer en estas numerosas figuras la aparente unidad de la persona se tiene por locura, la ciencia ha inventado para ello el nombre de esquizofrenia. La ciencia tiene en esto razón en cuanto es natural que ninguna multiplicidad puede dominarse sin dirección, sin un cierto orden y agrupamiento. En cambio, no tiene razón en creer que solo es posible un orden único, férreo y para toda la vida, de los muchos subyos. Este error de la ciencia trae no pocas consecuencias desagradables; su valor está exclusivamente en que los maestros y educadores puestos por el Estado *(y maestras y educadoras)* ven su trabajo simplificado y se evitan el pensar y la experimentación.

Como consecuencia de aquel error pasan muchos hombres *(y mujeres)* por «normales», y hasta por representar un gran valor social, que están irremisiblemente locos, y a la inversa, tienen a muchos por locos que son genios. Nosotros completamos por eso lo que llamamos arte reconstructivo. Al que ha experimentado la descomposición de su yo le enseñamos que los trozos pueden acoplarse siempre en el orden que se quiera, y que con ellos se logra una ilimitada diversidad en el juego de la vida. Lo mismo que los poetas crean un drama con un puñado de figuras, así construimos nosotros con las figuras de nuestros yos separados constantemente grupos nuevos, con distintos juegos y perspectivas, con situaciones eternamente renovadas. ¡Vea usted!

Y así, con la bendición de Hermann, me declaro esquizoviva. Abrazo mis polaridades sin identificarme con ellas. Camino mis senderos, sabiéndome habitada por múltiples personajes que danzan en la coreografía infinita que soy.

Y cuando soy la coreógrafa, ¡me siento libre!

Purga II

Sustituyo los «tengo que»
por los «quiero».

No un «quiero»
de capricho.

Un «quiero»
que sabe a verdad.

De esos que cuando vas,
el alma te acompaña.

Perderte de vista

Me pasa
que a veces te tengo tan cerca
que no te veo.

Cuando tengo tu tronco y tu follaje
pegados a mi retina
olvido que eres un bosque.

Me tropiezo con tus raíces
y tus ramas se me enredan en el cabello.

A veces,
quiero treparte a horcajadas,
a veces,
subirme a la colina más alta.

Qué hermoso es largarme,
perderte de vista.

Como si nunca hubieras existido.
Calentarme
con el abrigo de la soledad,
el silencio,
la autoescucha.

El placer de ser
sin el peso de tu mirada.

Recién ahí (de vuelta a mi centro)
se cuela tu poesía,
la melodía que también eres.

Puedo mirarte entre los matorrales,
sin que sepas que observo.
Honrar cada uno de tus matices.

Y entonces,
entonces resuelvo:

Solo puedo amarte
Cuando me amo.

Me robaron la alfombra

Ando corta de autocensura,
me robaron la alfombra.

Salvo a mí misma,
no tengo mucho que ofrecer.

Se llevaron la alfombra.

La culpa y la vergüenza,
el miedo,
me dejaron de servir.

Desapareció la alfombra.

La alegría como mueca
ya no me acomoda.

No encuentro la alfombra.

La alfombra con la que tapaba
todo lo incómodo de mí misma,
lo censurado.

Y ahora que no está
(la alfombra),
me autorizo
para ser incorrecta.

Sí,
me robaron la alfombra.

No sé
si fue Mercurio retrógrado en Libra,
algún maestro ascendido
o la mujer ilimitada que me habita.

Mas
la alfombra no está.

Y así,
desnuda de lo ajeno,
con los dragones a flor de piel,
me nace una alfombrita roja
bajo los pies.

Mi cumbre vieja
(energía solar II)

Yo también soy un volcán.

Un volcán
en erupción.

Un volcán lleno de llagas
en carne viva.

Viva.

El río de sol
de mi Cumbre Vieja
lava
y arrasa
sin compasión.

Se lleva enseres
y seres
y lava,
lava el río de sol
lo construido,
jugando
a ser yo.

El balance de daños
es una incertidumbre.

Mas
hay algo que está claro:
emergerá una nueva cumbre.

Me disculpan.
Me disculpan.
Me disculpan.

El sol
se me derrama.

«El todo, en sí mismo, es y debe ser siempre incognoscible. Las teorías, conjeturas y especulaciones de los teólogos y metafísicos concernientes a la naturaleza interna del TODO no son sino pueriles esfuerzos de mentes mortales por captar el secreto del infinito».

El Kybalion

Autorresponsabilidad I

En algún lugar de las estrellas
elegí bailarme esta rumba;
porque si no lo creo así,
reviento.

Y no solo por eso.

Porque a veces
(y a veces
más que a veces),
esta rumba
no me asusta.

Y una certeza
sostiene
el baile.

Honrar

Las que peinan canas
trascendieron
muchas guerras internas,
anclaron claridades,
que hoy
son el ADN de Pedro Pastor.

Los de veintitantos
son lumbreras
a hombros de gigantas.

Las que peinan canas
se asoman al espejo de Pedro Pastor
para tocar la materia
de lo que un día rozaron
con las yemas de sus dedos.

Maestras aquellas,
maestros estos.

Despreciar las canas,
despreciar lo fresco,
nos devuelve al abismo
donde perecemos.

FUEGO

Sentada frente al mar,
respiro y me conecto con tu esencia.

Volver a regalarte, en pacto de almas.

Acepto la invitación
a ser la fe que permite confiar
en el misterioso baile de la vida.

Como una poderosa Maga,
tu inBocación se me vuelve cuerpo
y me hace sonreír,
convertir en mariposas mi panza.

Como una niña salvaje,
coges tu gran sueño y le das luz
para inBocarlo juntas.

Tu útero bendito
toca su tambor.
Vamos a por ese sueño.

Ser mamá de una criatura
merece el más alto brillo,
el más alto pulso,
la más alta entrega.

¡Vamos a hacerlo realidad!

Mi fuego es hoy combustible
para este gran salto de fe
a confiar en la magia de lo invisible.

Espejos

¿Hay alguna madre en la sala?
¡Y salen cien!

«ADNs» rotos
de tanto trauma.

¿Salvo?
¿Busco ser salvada?

¿De qué lado estoy?

¿Brindo mi ayuda?
¿Pido ayuda?

¿Es un intercambio vertical
u horizontal?

¿Vertical
para codepender?

¿Horizontal
para interdepender?

¿Soy triángulo
o soy círculo?

Purga III

Ya lo decía Hegel:
El amo
necesita al esclavo.
El esclavo
necesita al amo.

Por mis muertas

Me da risa el espejo y eso me gusta.

Cuando eres verdad, decía Chavela,
al final te impones.

Con tu verdad sales adelante.

Por mis muertas,
a las que callaron la voz.

Soy todas ellas y no soy ninguna.

Detrás de mí,
corren aliviadas,
desnudas por una pradera.

Delante de mí:
una mujer (yo misma),
a la que sigo descubriendo.

Qué bendición
haber nacido mujer,
decía también Chavela.

Aquí estoy una vez más,
pariéndome nueva y desconocida.

Y soy ese juego
entre el pasado y el porvenir.

Habitando este presente
con la mirada de una niña.

Caminando mis elecciones.

Cuando eres verdad, al final te impones.

CELOS II

Los celos
son un síntoma de inseguridad
—anuncian los noticieros.

¿Se puede tener celos
por intuición?

LIBRE AMOR

Soy mariposas,
no quepo en un solo frasco.

¿La monogamia es impuesta?
¿O es natural?

¿Y la poligamia?

¿La libertad en el amor
es dar rienda suelta a nuestros deseos
aceptando la multiplicidad de senderos?

¿O nuestros deseos no son más
que golpes de ciego
de una humanidad rota,
que boicotea el encuentro profundo con un otro?

¿Me miento y me castro
si construyo la monogamia?

¿Castro al otro
si la pongo como condición?

¿Quiero una relación monógama
por miedo?
¿O por grandeza?

¿Quiero una relación abierta
por miedo a negarme
placeres superfluos?

¿O es permitir
que la grandeza de mi alma
se abra
a diferentes vínculos íntimos?

«Soy mariposas,
no quepo en un solo frasco»...
¿Es un velo
o la verdad de mi alma?

Autocrítica

La mujer occidental está rota.
Rota.

Camina su vida
con un escalofrío en la espalda.

No se deja sostener.
Le han contando
(y se ha contado)
que ella sola puede.

No necesita.
No depende.

Ella puede.
Ella resuelve.

Ama
y no se deja amar.

Es fuerte.
Muy fuerte.

Y está rota,
muy rota.

Sostiene miles de platos
en el aire.

No se rinde,
es productiva.
Hace.
Hace.
Hace.

Y se posterga, desatiende
lo que en su útero late.

Y un día,
cae.

Dándose de bruces con su escalofrío.

¡Ay!
La vida comienza...

Elevarme

Nada me toma.

Soy todo,
enraizada en el cielo.

*Le subo el volumen
a mi deseo.*[1]

---

[1] Expresión usada por María Luján en el taller De Víctimas a Soberanas.

Validarme

Por justicia poética,
soy una escandalizadora de suegras.

Y me indulto por ello.

ALQUIMIA (LA TERCERA COSA)

En este mundo dual
de los estos o los aquellos.

Soy la maga que inventa
la tercera cosa.

Aunando la esencia útil
de ambos polos.

ESTIMADA CULPA

Estimada culpa, compañera de camino.

Si tengo que elegir entre todos mis corsés,
sin duda,
fuiste mi favorito.

Te lucía en secreto y tú,
amablemente
limitabas mis movimientos.

«Habitar una franja del mundo
lo suficientemente estrecha
para no incomodar a nadie».

Y, aun así,
no ser suficiente.

«Adelgazarme tanto
que nada incomodara al mundo».

Pero no hubo manera.

Salté sobre la mesa,
mostrando mis pezuñas a menudo.
Me fui dando un portazo
de algunas vidas.
Dije a veces
lo que nadie quería escuchar
y rompí en mil pedazos
el corazón

de quien esperaba
que yo siempre acomodara en su molde.

Ensucié de barro
las alfombras de algunos hogares.
Fui la leña húmeda
de algunas hogueras.
Mis uñas
no estuvieron lo suficientemente limpias.
Mandé a la hoguera
la torpeza ajena, la vulnerabilidad y la ñoñería.

Y me fui.
Me fui muchas veces.
De vidas.
De proyectos.
De vínculos.

No conseguí contener a mi ser
derramándose.

Por suerte,
te tenía a ti,
estimada culpa.

Que me ayudabas a redimir
todo lo que rompí en el mundo.
Y eso me salvaba de la propia condena.

Me colaboraste
para llegar hasta aquí.

*

He comprobado estos días
que he subido de talla.
Y el corsé que eres
ya no me va más.

De reojo me vi desnuda en el espejo y...
¡Oye! ¡Ni tan mal!

He descubierto
la cantidad de energía disponible
que se me libera
al caminar sin ti,
y cuando ese combustible
lo empleo en quedarme callada
(bien quieta y con las orejas muy abiertas),
el corazón me cuenta cosas.

Y hago y deshago,
con él como brújula.

Pongo, quito, muevo,
rompo, siembro, depuro,
ensucio, confronto...
¡Ocupo un espacio!
Un espacio amplio.

Me expando y me contraigo.

Y, claro,
todo eso genera un efecto alrededor.

Y yo
observo, anoto, comprendo.

Pero ya no me culpo,
porque cada movimiento está enraizado
en mi pecho
y no en la idea que tengo
de la idea que tiene
alguien-acerca-de-mí.

Qué osada aspiración
que mi existencia no impacte el mundo;
¡como si eso fuera posible!

Qué soberbia pretensión
desarticular las leyes universales
que gobiernan todo lo que es.

SEÑORA PLÁCIDA

Señora Plácida,
usted
no solo me parió,
no solo me nutrió.

Usted,
señora Plácida
me descubrió
el más grande
misterio de la vida:
que la vida se escribe en verso
y en verso se mira.

Aterricé en este planeta
y usted,
señora Plácida,
que no sabía si *verdad*
se escribía con b o con v,
se atrevió a escribir sobre lo que veía
sobre lo que sentía,
y a pedirme que yo corrigiera sus escritos.

(Yo sí fui a la escuela,
me mandó usted,
señora Plácida)

Sus faltas de ortografía
fueron la excusa para descubrir,
a través de sus poemas,
el idioma del universo.

Usted,
señora Plácida,
consiguió,
gracias a no saber
si verdad se escribía con b o con v,
que yo descubriera el misterio último:
que la vida me habla en verso,
y en verso la miro,
y en verso la comprendo.

Y en verso descubro que usted,
señora Plácida,
y yo
teníamos un pacto.

Un pacto poético.

Usted,
señora Plácida,
es la poesía hecha «Madre».

SOBERANÍA

Habitarme lo humano sin perspectiva divina
se me hace
cada vez
más insostenible.

¿Diarrea física?
¡Defeco y ya!

¿Diarrea mental?
Me agarro,
me aferro,
me identifico.

Me prescribo:
higiene vincular.

Pongo límites
sin caer en la víctima.

Crío
sin negociar mis innegociables.

Tolero que me odien.

Elijo el límite.
Elijo
porque puedo.

Y llega la risa.
Lo fresco.

Cíclica III

En cada luna nueva
mato a mi ego
por inanición.

Mi oscura es tierna.
Cuando mata, ama.

Soy cíclica,
tengo un escorpión en mi vientre
que sabe
qué ha de morir,
qué ha de vivir.

Me entrego a la extinción.

(Lo nuclear,
lo verdadero,
siempre permanece)

Elevo a la superficie
lo que está en el sótano,
en el inframundo.

La oscura es oro.
El oro que soy.

LEY DE CORRESPONDENCIA

Nos regalo un espejo.

Si acaso al asomarnos a él
reparamos en algo que nos disgusta,
detengámonos un momento.

R e s p i r e m o s   p r o f u n d o .

Sostengamos adentro
nuestra reacción.

Despidámonos,
haciéndonos responsables de la agitación interna.

Buceémosla.

Encontremos
con qué parte de nuestra humanidad rota
estamos tratando.

Abracémosla.

¿Hay acaso
algo más relevante para nuestro reloj
que la vida pequeña y lenta?

Volvamos al espejo,
reconozcamos que hoy somos un paso más celestes.

LEY DE POLARIDAD

Desde aquí puedo ver
las cumbres nevadas y el mar en calma.

Opuestos en los que me reconozco.

Sólida.
Líquida.
Agua al fin.

Exploro mi 360.

(Elevando o disminuyendo
la aceleración de las partículas)

La vida redonda
me devuelve el potencial de lo infinito.

Enajenación programada

No hay poesía que valga desde este lugar denso
que arrastro aún.

Convaleciente por la inmersión en la vida urbana.
Enajenación programada.

La vida zombi.

La ciudad
y mi incapacidad para sentirme viva en ella.

Mierdas de perro en bolsas de plástico.

Gobernada por demasiados artefactos.
El coche, el GPS, la tele, los semáforos.

Volver a la montaña.
Que otra sensibilidad se muestre.

Unos cuantos besos,
conversar suave,
alumbrarnos con dos velas,
acariciar a la gata,
no poder dejar de escribir en infinitivo.

Convaleciente,
lenta,
aturdida,
abrazada.

En casa.

Nuestras hijas, nuestras maestras II

Una despedida fugaz,
de soslayo.
Todo su ser orientado a la tarea que está por emprender.

Mañana en la escuela
y diez días con papá;
proyectos en inglés y exámenes varios.

Las despedidas bucólicas
no son productivas en este punto.

Se aleja la guerrerita sin emociones en la piel.
No toca eso y lo sabe muy bien.

¡Ay!
Su habilidad para la respuesta precisa...

La emoción está antes.
Ya ocurrió.
Su poso sostiene y da sentido a la acción.

La blandura está antes de la batalla.

Venus
como brújula para Marte.

La blandura señala el norte
a la fortaleza.

Sigo aprendiendo en silencio
de la maestra que yo misma parí.

Preamor

El amor.

Un grifo que gotea en el piso de arriba.

Un tren a punto de descarrilar;
donde cierras los ojos
esperando que un golpe seco
acabe con todo.

El amor de los tangos.

El amor
que mata,
que apaga.

El amor
que duele,
que hiere.

El amor
que quiere,
y por querer
no ama.

AMARME III

(Más allá de las fronteras
de quien creo ser)

Emprender la aventura
hacia mi validación personal
es un viaje sin retorno
que deja muchos cadáveres en el camino.

Validar lo que late bajo la tierra que soy
implica desplegar tesoros
allá donde el otro rehúsa mirar.

Un viaje en solitario
sin golpecitos en la espalda.

La kali es una terrorista

La Kali es una terrorista.

Kali parece despechada,
camina cortando cabezas.
Pareciera una niña herida
con el poder de una diosa.

Muy enojada.

                    Patriarcado.
                    Censura.

La niña herida está en la escena, sí.
Pero no es Kali.

La niña herida es la que ha negado,
tapado,
excluido,
y censurado a Kali
todos estos años.

Es tan jodidamente contundente
la Kali
que la confundimos con una terrorista.

Pero Kali sabe,
habita en las entrañas de la intuición
y mata sin censura
lo-que-está-podrido-y-obsoleto.

Todo lo que no es verdad.

Y no lo negocia,
porque sabe.

Sacude,
vaya si sacude.

Es un terremoto
que estremece nuestra tierra interna.

Corta por lo sano
aquello que llevaría años disolver
de maneras más sutiles.

Y Kali se sienta a descansar.
La diosa oscura para la que trabaja
muestra otras caras.

Es receptiva,
un puro cuenco
donde cabe mucho amor
y mucha ternura.

Pero no da,
solo recibe,
se deja amar,
amar,
amar,
amar.

Y esa es su manera
de ser el amor.

Y así,
cada ciclo lunar,
agarradita a nosotras
por un hilo rojo,
nos ofrece su medicina.

SEVILLA

Paseo por esta ciudad muerta
a la que no logro encontrarle el sabor.

¿Dónde está su alma?
Su duende,
su magia...

Huele a mierda,
no hay aparcamiento
y los nombres religiosos aplastan a los paseantes.

A punto estoy de tirar la toalla,
cuando un destello me hace fruncir el ceño.

Una frase escrita en una fachada
«tienes una sonrisa preciosa»,
un parque comunitario
lleno de niños y otoño,
el vinilo de una clínica dental
intervenida con espray
poniendo dos dientes negros
a la señorita en cuestión.

La risa.

El vasito de agua con el café,
¿qué te pongo, mi *arma*?

¡Y los corralones!
Ay, los corralones.

Aquí es donde vive
el alma de esta ciudad.

Entre las macetas y los ceramistas
las bailaoras de flamenco
o el tango.

La vida se filtra
contundente
entre mascarillas y tráfico.

Y yo digo sí
a Sevilla.

Lo pequeño ii

Siempre están los paseos.

Hay cosas que se comprenden
solo cuando caminamos.

Podemos bailar,
detenernos a acariciar un cachorro
o merendar-cenar empanadas argentinas
en un puesto callejero.

También están los cafés
en una terraza común
donde dos abuelos
meriendan y se miran
o una mujer
cuchichea con otra.

Están las lecturas en un banco
o la mierda que casi piso.

Está lo pequeño
cuando camino.

Lo pequeño siempre está.

Aguardando
agazapado,
deseando ser descubierto,
para ponerte todos los acentos
en el lugar adecuado.

Volver al centro,
elegir vivir
y aceptar las consecuencias.

Lo lento

Parar.
pa-rar
p a r a r

Recordar
que nada
es tan importante.

Que el drama
es siempre una opción.

Que solo soy responsable
de piel para adentro.

Mi reino
comienza y termina
ahí.

Me recuerdo
que siempre tengo la posibilidad
de volver a mi pradera
y pasearla.

Parar.
pa-rar
p a r a r

Semillas casi brote

Los proyectiles
se han cambiado por jeringas,
pero la guerra está.

El valor del bien común aplastando
el bien común.

Por el ser humano,
pero sin el ser humano.

De este lado,
la guerrilla
pura sangre
(tampoco usa armas esta vez).

Aprovechan las redes sociales,
la poesía
la metáfora.

Los encuentros clandestinos
donde se besan y abrazan
donde se besan y bailan
donde bailan y conversan,
con el amor como trinchera...

Las huertas,
los círculos de economía sagrada,
las redes de apoyo mutuo,
la moneda social,
los bancos de semillas...

Atrás se queda la lucha activa.

Invirtiendo la energía
en la resistencia pasiva
y la creación activa
de otro mundo.

Siendo la semilla,
encuerpando el cambio.

Siendo inspiración
y siendo regazo.

LA IGNORANCIA SAGRADA

Me propongo un juego
en esta era
del conocimiento leído,
escuchado,
aprendido.

Me propongo
jugar a «no saber»,
a dudar
de lo que tomo
como verdad.

Retirarme
del trono del saber.

Experimentarme
haciéndole un jaque
a mi ego
con un sencillo
«no sé».

(aunque crea
que lo sé)

Cada vez que sé
el mundo se me presenta
deslucido,
estático,
inerte,
predecible,
muerto.

En cambio
cuando no sé...

Cuando no sé
vuelve la inocencia,
vuelve el misterio,
vuelve la tierna curiosidad
de descubrirme
nueva,

de celebrar
recién parido
todo lo que es.

Se llenan de luz
todas las escenas,
las conecto
de una manera nueva
y el mundo que me rodea
es, sencillamente, otro.

Cuando no sé.

AUTORRESPONSABILIDAD II

¿Y si eligiera
la utopía
en lugar de la distopía?

Las élites que me sometían
estaban hechas
de la misma materia densa
que la oscuridad de mi propio sótano.

Donde habitaban mis fantasmas,
mis traumas.

Donde escondía
también mi oro.

Bajé,
aligeré
y sutilicé
la masa viscosa
que me daba tanto miedo.

Y la oscuridad del mundo
se me desvaneció.

Navegué mi oscuridad
y dejé de sentirme
gobernada.

Bucear
me regaló
Volar.

DESEANTE

Soy un ser deseante.

Se me derraman los anhelos
que nacen
en el mismísimo centro del universo de mi pecho.

Y exploto.

Exploto en galaxias deseantes.

Exuberantes como selvas.
Exuberadas como amantes.

Exploto
en materia comprometida
con la belleza y la alegría.

Alquimista del deseo.
Soy un ser deseante.

Repudiada

Repudiada.
Por soltar una relación estéril
y enamorarme tempranamente.

Repudiada.
Por dejarme atraBesar
por la contundencia
de un vínculo recién llegado
que tiene sabor a antiguo.

Repudiada.
Convertida en la víctima
de quien se autoproclama víctima.

La manifestación libre del amor
sometida a juicio.

La moralidad
irrumpiendo afuera.

Se activan adentro
memorias celulares viejas,
humanas,
de todas las veces
que fuimos conducidas
a las hogueras de los ciegos por ello.

Permito su despertar dentro de mí.
Las dejo llorar a través de mis lágrimas.

Siento la rabia,
con mis tripas como vehículo.

Les doy
el espacio de mi cuerpo,
para que cada una de ellas
sea liberada.

Y además,
no esconderme.
Reivindicar el amor.

La libertad
para seguir sintiéndome
viva.
A pesar de todo.
Por encima de todo,
viva.

Vestir con transparencias
lo indómito
de un corazón que late.

Agarrar mis pies a la tierra
para que esto no me tumbe,
para que esta vez la Historia
se escriba de otra manera.

Para que no sean nuestras heridas
las que sigan construyendo el mundo.

SOLEDAD

A veces,
vivo una vida convaleciente.
Una vida atada a un cable
donde el suero es el silencio.

(A menudo,
la soledad
no es estar sola
sino acompañada
por mí misma).

Bajar

Los cuartos oscuros
son importantes.

Bajar al sótano
de vez en cuando
para que el sótano
no tome
la casa completa.

Como en aquel cuento
de Cortázar.

Ir,
descender,
poder mirar
los sapos y las culebras
que nos legó
nuestra civilización.

El amor

Lo pequeño y lo grande
están ocurriendo a la vez,
en este instante.

En el camino de vuelta a casa
me sorprendió el Amor,
vestido de amarillo.

No supe dónde ubicarlo
y quise ponerlo a un lado.

(¡Ilusa!
Era el Amor).

—Vuelve más tarde.

¡Y se puso a caminar a mi lado!

Se hizo primavera
y me floreció en el pecho.

*

Cuando llegué a casa olía a candela
y había comida en el fuego.

Lo pequeño y lo grande
están ocurriendo a la vez,
en este instante.

PERI-FERIA

En la periferia de las cosas
se gesta la vida.

Aquí,
Los códigos están por crearse.
La realidad acaba de nacer.
El desarrollo de lo que emerge
es un misterio.

En esta feria
ni siquiera sabemos si habrá música
y si la más guapa bailará con el más guapo.

No sabemos si la peri-feria
se venderá a sí misma
y parirá un centro,
para seguir justificando
su existencia.

ELEGIR II

Elegir, siempre elegimos.

Otra cosa es con qué parte
de nosotras
lo hacemos.

Pero elegimos siempre.

Elegimos elegir
o elegimos creer
que no elegimos.

Mas, elegir,
siempre elegimos.

SER VALLE

Soy la fe
moviendo montañas.

El buen árbol
de la buena sombra
que cobija.

Soy los ciento volando.

Mujer Montaña queriendo ser valle.

La hepática Hipatia.

El agua que lleva
el río que suena.

El trecho que hay
del dicho al hecho.

Y la boca que se equivoca.

Soy las pulgas del perro flaco,
el oro que no reluce
y la mona que mona se queda.

Mujer Montaña queriendo ser valle.

AGRADECIMIENTOS

Tienes que becarte a ti misma, fueron las palabras-bisturí de Paloma Cirujano. Pero aquello se me quedaba tan grande. En su lugar, preferí seguir dando soporte económico a las creaciones artísticas de mi compañero de entonces. Apreciaba, sin duda, el arte afuera; en cambio, ninguneaba el mío. Ella me había pedido formar parte del prólogo de su libro *Manual para gallinas confusas* y lo que escribí le gustó. Desde entonces hasta hoy, su mensaje siempre ha sido rotundamente claro: tienes que escribir. Y por fin, aquí estoy. Su impulso ha sido crucial.

Pero la historia comienza mucho antes. Ya de niña, mi madre, Plácida Pacheco, me educó la mirada gracias a sus poemas que yo corregía ortográficamente. Ella agarraba la poesía para poner en palabras la fuerza de su corazón. Y en ese regazo crecí.

Mi hermana, siempre generosa, llenaba de flores mis escritos, guardando los cuadernos en los que yo desplegaba, cuando el profesor de lengua y literatura daba la orden, algunos textos literarios.

Y por supuesto mi hija, Vera Ortega. Cuya infancia fue dilatando en mí la mirada reposada, sensible e inocente del mundo de afuera y del mundo de adentro.

También merece ser nombrado Manuel F. Nuevo, un amigo con el que compartía el gusto por la poesía y que me propuso que escribiéramos un poema cada día. Algunos de ellos están presentes en este libro. Su energía de concreción me ayudó a dar un paso más en el compromiso con mi propia creación.

Y luego llegó Julia Sequeira, artista plástica argentina. Su sensibilidad pisciana fue un cuenco hermoso donde mis poemas eran celebrados a bombo y platillo. Insistía una y otra vez en lo valiosos que eran y aquello era ungüento para mis inseguridades. En silencio, la idea de un día publicarlos comenzó a despuntar en mí unas minúsculas e inocentes alas. Aquel pacto creativo permitió el proyecto Exuberadas, donde sus obras plásticas y mis poemas se tomaron de la mano en una exposición llevada a cabo en la provincia de Buenos Aires.

Y por fin, este proyecto vino a concretarse en medio de la etapa más dura de mi vida. Eso que aligeran en llamar: la crisis de la mediana edad. En medio de un gran naufragio emocional, acompañada y contenida por la sutil y contundente presencia de Luis Suárez, pude manifestar el manuscrito de *Mamífera y Celeste*.

Sin duda, darme permiso para compartir con el mundo mi arte es la gran conquista de este libro. Fue tan larga y compleja la batalla con mis depredadores internos, que cuando por fin lo parí, todo fue fluido y fácil. Fue cuestión de unas semanas que apareciera la frase "queremos publicar tu libro". El 8 de marzo de 2023 estaba viajando a algunas editoriales y el 21 de marzo, día internacional de la poesía, Olé Libros me daba el 'sí quiero' en una llamada de teléfono de Toni Alcolea, su director. Aquel día sentí que el mundo se abría y que en él, había lugar también para mis poemas.

Gracias a mi familia hermosa, que es una bola de poder loca y poderosa.

Gracias a cada ser humano que detuvo su vida un instante y tocó mi corazón.

Gracias a Loli Lara, la editora de este proyecto, por su paciencia, accesibilidad, fluidez, eficacia y respeto profundo por mi criterio.

Este libro es un poco de todas. Es un poco del mundo. Y a él se lo entrego.

ÍNDICE